Contenido

contenido

Introducción

1 Carne 5

2 Mariscos 33

3 Verduras 37

Pesos y medidas 46

Índice 48

Guisados

Los guisados son populares por tres razones principales: se cuecen sin tener que prestarles atención constantemente, se preparan rápidamente y son fáciles de servir.

Se basan en la combinación de los sabores de los ingredientes y muchos saben mejor si se preparan con anticipación; algunos pueden prepararse mucho antes de consumirlos y congelarse.

Otros permiten prepararlos el día anterior, refrigerarlos y recalentarlos antes de servirlos. También son excelentes para comidas de última hora; muchos se preparan con ingredientes que se tienen en casa y rinden para muchos comensales.

Introducción

La cocción lenta que requieren muchos guisados significa que son una excelente forma de usar cortes de carne más económicos que serán suaves y con mucho sabor al igual que los cortes más caros. Son una manera ideal de usar los sobrantes de la semana y si se combinan con otros ingredientes constituyen una comida "nueva".

Muchos guisados contienen todos los ingredientes necesarios para una comida balanceada –carne, verduras y salsa – y se sirven con una ensalada sencilla o pan crujiente. Otras, como las combinaciones de verduras, sirven para acompañar platillos simples asados.

Deben servirse en los recipientes en los que se preparan. Hoy en día existen muchos recipientes de colores llamativos y con diferentes formas ideales para llevar a la mesa.

Lo mejor de los guisados es la cocción misma porque se cuecen solos –una vez que los ingredientes están combinados (lo cual puede hacerse antes de cocer), sólo tienes que relajarte y dejar que se cueza en el horno o en la estufa mientras disfrutas de la compañía de tu familia y amigos.

Carne

Estofado

1 Precalentar el horno a 240°C / 475°F. En un sartén poner los chalotes, el ajo, las zanahorias, el apio y 2 cucharadas de aceite de olivo; mezclar bien y cocinar durante 15 minutos, revolviendo constantemente, hasta que las verduras tomen color café.

2 En una cacerola de base gruesa calentar el resto del aceite y añadir 1/3 de la carne y freír de 5 a 8 minutos; retirar del sartén y apartar; seguir con el resto de la carne en dos tandas; colocar toda la carne en la cacerola, agregar las verduras, el atado de hierbas, el vino, el caldo, la cebada y la pimienta negra; sazonar con sal y hervir.

3 Reducir la flama y calentar a fuego lento, parcialmente tapado, de 2 a 2 1/2 horas hasta que la carne esté suave; revisar de vez en cuando y añadir más agua si comienza a secarse; sacar el atado de hierbas antes de servir.

Nota: servir con puré de papa y perejil.

- 6 echalotes, en cuartos
- 6 dientes de ajo grandes, en cuartos
- 3 zanahorias grandes, rebanadas
- 4 tallos de apio, rebanados
- 4 cucharadas de aceite de olivo
- 1 kg / 35 oz de filete de res, magro y cortado en cubos
- hojas de tomillo, 1 hoja de laurel, hojas de romero, 1 cáscara de limón, atado con un cordel de cocina
- 510 ml / 18 oz de vino tinto
- 285 ml / 10 oz de caldo de res
- 3 cucharadas de cebada
- pimienta negra, molida
- sal y pimienta negra

Porciones *6* **Tiempo de preparación** *20 min*
Tiempo de cocción *3 hr 10 min* **Calorías** *471* **Grasa** *21 g*

de res con chalotes

Carbonade
de res

- 2-3 cucharadas de aceite vegetal
- 1 kg / 35 oz de filetes de res, en cubos de 2 1/2 cm / 1 in
- 1 cebolla grande, en rebanadas delgadas
- 1 cucharada de harina
- 2 cucharadas de azúcar morena
- 285 ml / 10 oz de cerveza oscura
- 510 ml / 18 oz de caldo de res
- 1 cucharada de puré de tomate
- 1 bouquet garni*
- sal y pimienta negra
- perejil fresco para decorar

* Véase página 47.

1 Precalentar el horno a 160°C / 325°F. En una cacerola resistente al fuego calentar 2 cucharadas de aceite, dividir la carne en 3 partes iguales y freír las partes una por una de 6 a 7 minutos, mover constantemente hasta que tomen color parejo (se puede añadir más aceite si es necesario); reservar.

2 Bajar la temperatura y en la misma cacerola agregar el aceite y cocinar durante 5 minutos; colocar el harina y el azúcar, mover constantemente de 1 a 2 minutos; añadir la cerveza y el caldo de res; revolver y dejar hervir; agregar la carne, el puré de tomate y el bouquet garni; sazonar, revolver bien y tapar.

3 Hornear la cacerola de una y media a dos horas o hasta que la carne esté suave y bien cocida, revolver de 2 a 3 veces mientras está horneándose y agregar un poco de agua si es necesario; sacar el bouquet garni y rectificar el sazón; decorar con perejil.

Porciones *4* ***Tiempo de preparación*** *15 min* ***Tiempo de cocción*** *2 hr 30 min* ***Calorías*** *506* ***Grasa*** *20 g*

Estofado de res

2 cucharadas de aceite vegetal

680 g / 24 oz de carne de res, cortada en cubitos

2 cebollas grandes, peladas y rebanadas

285 ml / 10 oz de vino tinto

570 ml / 20 oz de caldo de res

1 ramita de perejil fresco, 1 ramita de tomillo, 1 hoja de laurel, atado con un cordel de cocina

3 zanahorias grandes, peladas y rebanadas

1 nabo pequeño, pelado y cortado en cubitos de 1 cm / 1/2 in

2 tallos de apio, rebanados

2 papas grandes, peladas y cortadas en cubos de 1 cm / 1/2 in

Porciones *4*
Tiempo de preparación *25 min*
Tiempo de cocción *2hr*
Calorías *428*
Grasa *11 g*

1 Calentar 1 cucharada de aceite en una cacerola resistente al fuego; colocar la mitad de la carne y freír por 5 minutos revolviendo constantemente; retirar la carne y colocarla en un plato; cocer el resto de la carne; retirarla y regresar al sartén la primera tanda de carne cocida.

2 En un sartén grande poner el resto del aceite; colocar la cebolla, tapar y freír durante 5 minutos o hasta que esté suave, revolver ocasionalmente; añadir el vino y dejar hervir por 5 minutos o hasta que el líquido se haya reducido a la mitad.

3 A la cacerola donde está la carne añadir la mezcla de la cebolla, el caldo y el atado de hierbas; sazonar con sal y pimienta; dejar que suelte el hervor (revolver de vez en cuando); reducir a fuego medio y tapar; dejar cocinar durante 1 hora o hasta que la carne esté suave.

4 Agregar las zanahorias, el nabo, el apio y las papas; volver a tapar y dejar cocer hasta que las verduras estén suaves, aproximadamente 40 minutos; probar y agregar sal y pimienta si hace falta. Si la salsa está muy líquida calentar por más tiempo (sin tapar) hasta que espese un poco; retirar el asado de hierbas antes de servir.

Guisado de res y

aceitunas

ralladura y jugo de 1 limón

1 1/2 kg / 52 oz de carne de res, cortada en trozos

2 cucharadas de aceite de olivo

3 cucharadas de aceitunas negras, sin hueso; más 15 con hueso para servir

4 jitomates, en cuartos y sin semillas

sal y pimienta negra

perejil fresco, picado para decorar

Marinada:

370 g / 13 oz de cebolla, picada

2 dientes de ajo, machacados

3 hojas de laurel

3 ramas de tomillo fresco o 2 cucharaditas de tomillo seco

1 cucharadita de orégano seco

2 cucharadas de perejil fresco, picado

1 bulbo de hinojo, picado

2 zanahorias, rebanadas

8 pimientas enteras

aceite de olivo

750 ml / 26 oz de vino blanco seco

1 Llenar de agua un recipiente de vidrio y añadir el jugo de limón; enjuagar la carne en el agua con limón y escurrir bien. Mezclar todos los ingredientes de la marinada; agregar la carne y bañarla con la marinada; tapar y refrigerar durante 4 horas o toda la noche.

2 Retirar la carne del recipiente y reservar la marinada, colar bien. Con 1 cucharada de aceite engrasar una cacerola grande para horno; colocar la mitad de la carne y freír de 6 a 7 minutos, voltear una vez, hasta que tome color café, reservar; freír el resto de la carne; incorporar la marinada y las aceitunas sin hueso; mezclar bien.

3 Tapar el recipiente con dos hojas de papel aluminio y después con una tapa; cocer durante 2 horas; quitar la tapa y el papel; presionar la carne con el dorso de una cuchara de madera y colocar los jitomates encima; sazonar un poco y verter el resto del aceite; tapar con el aluminio y la tapa y cocer por 1 hora o hasta que la carne esté suave.

4 Quitar la grasa de la superficie; sazonar si es necesario y espolvorear la ralladura de limón, el perejil y las aceitunas enteras.

Nota: la carne de este guisado es muy tierna gracias a la cocción prolongada y lenta.

Porciones *6* ***Tiempo de preparación*** *30 min más 4 hr para marinar*

Tiempo de cocción *3 hr 20 min* ***Calorías*** *474* ***Grasa*** *16 g*

Carbonada criolla

- 2 cucharadas de aceite
- 1 diente de ajo, machacado
- 1 cebolla grande, picada
- 1 kg / 35 oz de filetes de ternera, cortados en cubos de 2 cm / 3/4 in
- 225 g / 8 oz de jitomates pelados
- 1 1/2 taza de caldo de res
- 1 cucharadita de tomillo, picado
- 2 cucharadas de perejil, picado
- sal y pimienta
- 1 papa mediana, en cubos
- 225 g / 8 oz de calabaza, en cubos
- 1 camote, en cubos
- 2 mazorcas de elote, en trozos gruesos
- 1/2 taza de arroz
- 4 duraznos secos, en mitades
- 4 peras secas, en mitades

1 Calentar el aceite en una cacerola grande y saltear el ajo y la cebolla; añadir la carne; revolver a fuego alto hasta que dore un poco.

2 Agregar los jitomates, el caldo, el tomillo, el perejil y sazonar con sal y pimienta; dejar que suelte el hervor; calentar a fuego lento durante 25 minutos.

3 Agregar la papa, el camote, el elote, el arroz y las frutas secas; tapar y calentar a fuego lento por 25 minutos, revolver ocasionalmente mientras se cuece y agregar más caldo si es necesario; verificar el sazón antes de servir.

Porciones *6* ***Tiempo de preparación*** *10 min* ***Tiempo de cocción*** *60 min* ***Calorías*** *461* ***Grasa*** *12 g*

Guisado
de conejo, aceitunas y cebolla

- 750 g / 1 1/2 lb de carne de conejo
- 375 ml / 12 oz de vino blanco seco
- 3 ramitas de orégano fresco
- 3 hojas de laurel
- 80 ml / 2 1/2 oz de aceite de olivo
- 220 g / 7 1/2 oz de cebollas de cambray, sin rabo y en mitades
- 6 dientes de ajo, sin pelar
- 1 cucharada de páprika
- 170 ml / 6 oz de caldo de pollo
- 1/2 taza de aceitunas negras
- sal y pimienta recién molida
- hojas de orégano para decorar
- pan crujiente

1 En un recipiente grande mezclar el conejo, las ramitas de orégano y las hojas de laurel; tapar y refrigerar toda la noche.

2 Escurrir el conejo y reservar la marinada. Precalentar el horno a 180°C / 350°F.

3 En un sartén grande calentar el aceite y dorar la carne por ambos lados (en varias tandas); retirar el conejo y colocarlo en una cacerola.

4 Colocar las cebollas y el ajo en el sartén y dorarlos; agregar la páprika y revolver constantemente durante 2 minutos; añadir el caldo y la marinada; dejar que suelte el hervor.

5 Verter la mezcla del caldo y la cebolla sobre la carne de conejo junto con las aceitunas; sazonar con sal y pimienta.

6 Tapar y hornear durante 1 hora 15 minutos o hasta que el conejo esté suave y bien cocido; adornar con orégano fresco y servir con mucho pan para que absorba el jugo.

Porciones *4*

Tiempo de preparación *10 min*

Tiempo de cocción 25 min más tiempo para marinar

Calorías *406*

Grasa *15.7 g*

Guisado

- 1 cucharada de aceite de girasol
- 455 g / 16 oz de filetes de cordero, cortados en cubos de 2 1/2 cm / 1 in
- 1 cebolla grande, picada
- 1 diente de ajo, finamente picado
- 2 cucharadas de harina
- 1 cucharadita de cilantro fresco
- 1 cucharadita de comino, molido
- 340 ml / 12 oz de caldo de verduras
- 145ml / 5oz de vino tinto
- 225 g / 8 oz de champiñones pequeños
- 1 cucharada de puré de tomate
- 1 bouquet garni*
- pimienta negra
- 170 g / 6 oz de chabacanos deshidratados
- 2 cucharadas de cilantro fresco, picado y hojas extra para decorar

* Véase página 47.

1 Precalentar el horno a 160°C / 325°F. Calentar el aceite en una cacerola resistente al fuego; agregar el cordero y cocer durante 5 minutos o hasta que dore; retirar y mantener caliente.

2 Añadir la cebolla y el ajo a los jugos y cocer durante 5 minutos o hasta que se suavice; regresar el cordero a la cacerola junto con el harina, el cilantro y el comino; cocer por 1 minuto, revolviendo; incorporar poco a poco el caldo y el vino; dejar que suelte el hervor sin dejar de revolver; agregar los champiñones, el puré de tomate, el bouquet garni y la pimienta negra; tapar y meter al horno durante 1 hora.

3 Incorporar los chabacanos y cocer durante 30 minutos más o hasta que la carne esté suave; sacar el bouquet garni; añadir el cilantro picado y adornar con más cilantro fresco.

Nota: la pierna es la parte del cordero con menos grasa y más baja en calorías que otras partes. Se puede reemplazar los chabacanos con peras o duraznos deshidratados. Servir con brócoli al vapor, pan y arroz.

Porciones *4* **Tiempo de preparación** *15 min*
Tiempo de cocción *1 hr 45 min* **Calorías** *374* **Grasa** *14 g*

de cordero y chabacano

Estofado de cordero y camote

1 Precalentar el horno a 180°C / 350°F. Calentar el aceite en un sartén grande de base gruesa y freír las chuletas en tandas de 1 a 2 minutos por lado hasta que tomen color café; retirar las chuletas, quitar el aceite y añadir un poco de caldo al sartén; dejar que suelte el hervor sin dejar de revolver y raspar el fondo del sartén; agregar el resto del caldo.

2 Colocar la mitad de las cebollas en un recipiente grande para horno; poner encima un tercio de los camotes; agregar la mitad de las zanahorias y el apio, y toda la salvia, el tomillo y las chuletas; sazonar y espolvorear encima la cebada; repetir con el resto de los ingredientes y colocar encima el camote; verter el caldo y tapar.

3 Hornear durante una hora y media hasta que el cordero esté suave, revisar de vez en cuando y añadir más caldo o agua si es necesario; quitar la tapa y subir la temperatura del horno a 230°C / 450°F; cocer de 8 a 10 minutos o hasta que las papas tomen color café.

- 1 cucharada de aceite de olivo
- 12 chuletas de cordero
- 750 ml / 26 oz de caldo de cordero o de pollo
- 2 cebollas, en rebanadas delgadas
- 750 g / 26 oz de camote, en rebanadas de 1 cm / 1/2 in
- 310 g / 11 oz de zanahorias, picadas
- 5 tallos de apio, picados
- 6-7 hojas de salvia fresca o 1 cucharadita de salvia seca
- 4-5 ramitas de tomillo
- 3 cucharadas de cebada
- sal y pimienta negra

Porciones *6*
Tiempo de preparación *25 min*
Tiempo de cocción *1 hr 50 min*
Calorías *662*
Grasa *4 g*

Estofado de cordero con sidra

- 2 cucharadas de aceite de olivo
- 4 chuletas de cordero
- 6 riñones de cordero, en mitades, sin piel y sin centro
- 1 cebolla, rebanada
- 750 g / 26 oz de papas, rebanadas
- 2 zanahorias, rebanadas
- 1 puerro grande, en rebanadas
- 2 tallos de apio, rebanados
- sal y pimienta negra
- 3 ramitas de mejorana u orégano fresco
- 285 ml / 10 oz de sidra seca

Porciones *4*
Tiempo de preparación *25 min*
Tiempo de cocción *2 hr 35 min*
Calorías *588*
Grasa *30 g*

1 Precalentar el horno a 180°C / 350°F. Calentar una cucharada de aceite en un sartén de base gruesa; colocar las chuletas y cocer de 1 a 2 minutos por lado hasta que tomen color café; retirar del sartén y poner los riñones; cocer durante 30 segundos por lado o hasta que tomen color café ligero.

2 Acomodar la mitad de las cebollas y las papas en el fondo de una cacerola; poner encima las chuletas; añadir la mitad de las zanahorias, del puerro y del apio, después los riñones; agregar el resto de las zanahorias, del puerro y del apio; sazonar cada capa y terminar con una capa de papas; esconder las ramitas de mejorana u orégano; verter la sidra y barnizar la parte superior con el resto del aceite.

3 Tapar y hornear de 1 1/2 - 2 hr hasta que la carne esté suave; quitar la tapa y colocar en la parte más alta del horno de 20 a 30 minutos hasta que dore.

Korma

de cordero

1 Cortar la carne en cubos de 5 cm / 2 in; sazonar con sal y pimienta.

2 Calentar la mantequilla en un sartén grande de base gruesa; agregar 1/3 de la carne y dejar que tome color café uniformemente; apartar y hacer lo mismo con el resto de la carne, en dos tandas.

3 Colocar la cebolla y el ajo en el sartén; saltear hasta que estén transparentes; incorporar la pasta de curry, las especias y el harina; cocer durante 1 minuto; agregar el caldo de pollo, las pasitas y la carne; tapar y calentar a fuego lento durante 1 hora o hasta que el cordero esté muy suave, revolver ocasionalmente mientras se cuece.

4 Incorporar el yogurt y el jugo de limón. Servir con arroz.

- 1 1/2 kg / 52 oz de filetes de cordero
- sal y pimienta recién molida
- 2 cucharadas de mantequilla clarificada oscura
- 1 cebolla, finamente picada
- 1 cucharada de pasta de curry
- 1/4 de cucharadita de jengibre, molido
- 1/8 de cucharadita de azafrán de la India
- 1/8 de cucharadita de pimienta de Cayena
- 2 cucharadas de harina
- 1 1/4 de taza de caldo de pollo
- 145 g / 5 oz de pasitas
- 145 ml / 5 oz de yogurt natural
- 1 cucharada de jugo de limón

Porciones *4* **Tiempo de preparación** *10 min*
Tiempo de cocción *1hr 15 min* **Calorías** *626* **Grasa** *41 g*

Ruaraka

4 jitomates crudos, pelados y sin semillas

2 cucharadas de aceite

1 pimiento verde, sin semillas y finamente picado

2 cucharadas de menta fresca, picada

1 kg / 35 oz de filete de cordero, en cubos

115 g / 4 oz de chabacanos secos

sal y pimienta negra recién molida

1 Quitar las semillas de los jitomates y picarlos.

2 Calentar la mitad del aceite en un sartén de base gruesa con tapa y colocar el jitomate, el pimiento, la cebolla y la menta; saltear durante 5 minutos; retirar del sartén.

3 Calentar el resto del aceite, colocar la carne y voltear rápidamente para dorar uniformemente; colocar las verduras en el sartén junto con los chabacanos y agua suficiente para cubrir la carne; dejar que suelte el hervor; calentar a fuego lento durante 1 hora.

4 Sazonar con sal y pimienta; verificar el caldo y añadir más agua si es necesario; calentar a fuego lento durante otra hora hasta que la carne esté muy suave. Servir con arroz hervido.

Porciones *6* ***Tiempo de preparación*** *10 min*
Tiempo de cocción *2 hr 10 min* ***Calorías*** *300* ***Grasa*** *21 g*

Cordero con espinacas al curry

- 2 cucharadas de aceite vegetal
- 2 cebollas, picadas
- 2 dientes de ajo, picados
- 2 1/ 2 cm / 1 in de raíz de jengibre fresco, finamente picada
- 1 ramita de canela
- 1/4 de cucharadita de clavo
- 3 vainas de cardamomo
- 595 g / 21 oz de carne de cordero, en cuadritos
- 1 cucharada de comino, molido
- 1 cucharada de cilantro, molido
- 4 cucharadas de yogurt natural
- 2 cucharadas de puré de tomate
- 200 ml / 7 oz de caldo de res
- sal y pimienta negra
- 510 g / 18 oz de espinacas frescas, finamente picadas
- 2 cucharadas de almendras, fileteadas y tostadas

Porciones *4*
Tiempo de preparación *15 min*
Tiempo de cocción *1hr*
Calorías *425*
Grasa *20 g*

1 Calentar el aceite en una cacerola o en un sartén grande de base gruesa; freír las cebollas, el ajo, el jengibre, la canela, los clavos y el cardamomo durante 5 minutos para suavizarlos y que suelten el sabor.

2 Agregar la carne y freír volteando durante 5 minutos hasta que comience a tomar color; agregar el comino y el cilantro; añadir el yogurt, una cucharada a la vez y revolver bien después de cada cucharada.

3 Mezclar el puré de tomate con el caldo y agregar al cordero; sazonar al gusto; dejar que suelte el hervor, tapar y calentar a fuego lento durante 30 minutos o hasta que la carne esté suave.

4 Incorporar las espinacas, tapar y calentar a fuego lento durante 15 minutos o hasta que la mezcla se reduzca; quitar la ramita de canela y las vainas de cardamomo; agregar las almendras.

Piernas de pollo

1 Colocar el jitomate y el pesto en un recipiente para horno y añadir el agua; acomodar una cama de piernas y las papas entre ellas; bañar con el aceite de olivo y espolvorear el perejil; tapar.

2 Meter al horno precalentado a 180°C / 350°F y cocer durante 30 minutos; sacar del horno y voltear las piernas y las papas; agregar los chícharos y los elotitos; hornear sin tapar durante 25 minutos más o hasta que las papas y el pollo estén suaves.

3 Servir caliente con crutones.

Porciones *4*
Tiempo de preparación *10 min*
Tiempo de cocción *1 hr*
Calorías *600*
Grasa *12 g*

- 370 g / 13 oz de puré de tomate y pesto*
- 115 ml / 4 oz de agua
- 1 kg / 35 oz de pierna de pollo
- 4 papas medianas, peladas y en cuartos
- 2 cucharadas de aceite de olivo
- 2 cucharadas de perejil, finamente picado
- 225 g / 8 oz de chícharos
- 400 g / 14 oz de elotitos baby
- 1 paquete de crutones

* Véase página 47.

con verduras

Pollo a la española con chorizo

- 8 piezas dobles de pollo, como pierna y muslo
- 2 cucharadas de aceite de olivo
- 1 cebolla, rebanada
- 2 dientes de ajo, machacados
- 1 pimiento rojo, sin semillas y rebanado
- 1 pimiento amarillo, sin semillas y rebanado
- 2 cucharaditas de páprika
- 55 ml / 2 oz de sherry seco o vermouth
- 400 g / 14 oz de jitomates picados
- 1 hoja de laurel
- 1 tira de ralladura de naranja
- 75 g / 2 1/2 oz de chorizo, rebanado
- 55 g / 2 oz de aceitunas negras, sin hueso
- sal y pimienta negra

Porciones *4*
Tiempo de preparación *15 min*
Tiempo de cocción *1 hr*
Calorías *443*
Grasa *31g*

1 Colocar las piezas de pollo en un sartén grande de teflón y freír sin aceite de 5 a 8 minutos, voltear ocasionalmente, hasta que doren; retirar el pollo y apartar; quitar la grasa del sartén.

2 Poner el aceite en el sartén y freír la cebolla, el ajo y los pimientos de 3 a 4 minutos hasta que estén suaves; regresar el pollo al sartén junto con la páprika, el sherry o vermouth, los jitomates, la hoja de laurel y la ralladura de naranja; dejar que suelte el hervor, tapar y calentar a fuego lento de 35 a 40 minutos, revolver ocasionalmente hasta que el pollo esté bien cocido.

3 Agregar el chorizo y las aceitunas; calentar a fuego lento durante 5 minutos más; sazonar.

Nota: servir con arroz o crutones. Se puede usar jugo de naranja en lugar de sherry o vermouth.

Piernas

de pato con naranja y aceitunas

- 1 cucharada de aceite de olivo
- 6 piernas de pato, sin grasa
- 1 cucharadita de granos de pimienta negra, machacados
- 8 chalotes, finamente picados
- 3 dientes de ajo, finamente picados
- 425 ml / 15 oz de vino blanco
- ralladura de 1 naranja
- jugo de 2 naranjas
- 3 ramitas de romero, y extra para decorar
- 85 g / 3 oz de aceitunas verdes, sin hueso
- sal

Porciones *6*

Tiempo de preparación *15 min*

Tiempo de cocción *2 hr*

Calorías *490*

Grasa *39 g*

1 Calentar el aceite en un sartén grande de base gruesa, freír las piernas de 5 a 6 minutos por lado, hasta que tomen color café; sacar del sartén y quitar todo el aceite excepto 1 cucharada.

2 Añadir los granos de pimienta y freír unos segundos; agregar los chalotes y el ajo; freír durante 4 minutos o hasta que los chalotes comiencen a tomar color; verter el vino, el jugo y la ralladura de limón y dejar hervir; bajar el fuego y regresar las piernas al sartén junto con el romero; tapar y calentar a fuego lento durante 1 hora hasta que el pato esté suave y bien cocido.

3 Colocar las piernas en un recipiente para servir, mantener caliente; quitar el romero y sacar la grasa de la salsa; agregar las aceitunas y hervir durante 10 minutos hasta que la salsa se reduzca una tercera parte y sazonar con sal. Servir las piernas y verter la salsa encima, adornar con romero.

Pechugas de

Porciones *6* **Tiempo de preparación** *15 min*
Tiempo de cocción *50 min* **Calorías** *278* **Grasa** *11 g*

pollo con champiñones

- 2 cucharadas de aceite de cacahuate
- 1 cebolla, picada
- 1 raíz de jengibre de 5 cm / 2 in, finamente picada
- 200 g / 7 oz de champiñones, sin tallo y los cascos rebanados
- 2 cucharadas de salsa de soya
- 285 ml / 10 oz de caldo de pollo
- 200 ml / 7 oz de vino blanco seco
- 340 g / 12 oz de calabazas zuchinni, rebanadas
- 6 pechugas de pollo, sin piel y deshuesadas
- cilantro fresco picado para decorar

1 Precalentar el horno a 230°C / 450°F. Calentar una cucharada de aceite en un sartén grande de base gruesa, freír la cebolla y el jengibre durante 5 minutos o hasta que la cebolla esté suave; añadir los champiñones y la salsa de soya; cocer durante 4 ó 5 minutos más hasta que los champiñones se suavicen.

2 Verter el caldo y el vino; dejar que suelte el hervor y calentar a fuego lento durante 10 minutos; agregar las calabazas y cocer por 5 minutos hasta que se suavicen.

3 Hacer 3 cortes en cada pechuga. Calentar el resto del aceite en un sartén grande de base gruesa y freír el pollo de 2 a 3 minutos por lado para que tome color.

4 Colocar el pollo en un recipiente para horno y verter encima la mezcla de los champiñones; hornear durante 15 a 20 minutos hasta que el pollo esté bien cocido; espolvorear con cilantro antes de servir.

Pato tai con brotes

1 Calentar el aceite en un sartén de base gruesa y freír la pasta de curry durante 3 minutos sin dejar de revolver; agregar el pato y bañarlo con el curry; freír de 4 a 5 minutos, revolver de vez en cuando.

2 Verter la leche de coco, los brotes de bambú, la salsa de pescado, la sal y el azúcar al gusto; dejar que suelte el hervor revolviendo constantemente; calentar a fuego lento de 30 a 35 minutos sin tapar hasta que el pato esté suave, revolver de vez en cuando. Antes de servir incorporar la albahaca picada y el cilantro; adornar con las hojas de albahaca.

Nota: servir con fideos.

- 2 cucharadas de aceite vegetal
- 3 cucharadas de pasta tai de curry verde*
- 4 pechugas de pato, sin hueso y sin piel, en trozos de 2 1/2 cm / 1 in
- 400 ml / 4 oz de leche de coco
- 225 g / 8 oz de brotes de bambú de lata, en rebanadas, escurridos
- 2 cucharadas de salsa tai de pescado*
- 1 cucharadita de azúcar morena
- sal
- 3 cucharadas de albahaca fresca, picada y hojas extra para decorar
- 4 cucharadas de cilantro fresco

* Véase página 47.

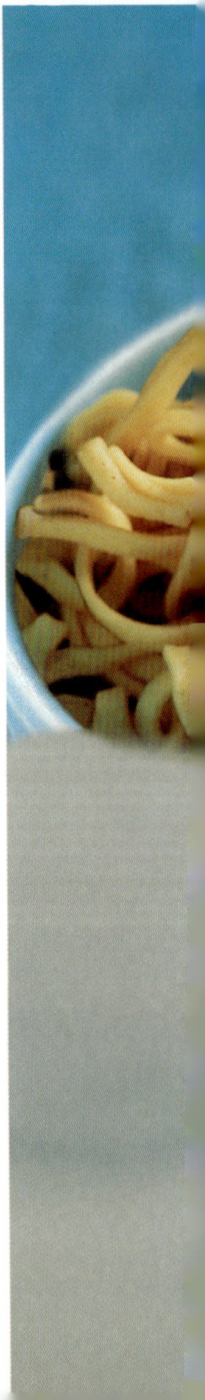

Porciones 4 **Tiempo de preparación** 10 min **Tiempo de cocción** 45 min **Calorías** 540 **Grasa** 39 g

de bambú

Chuletas

Porciones *4* ***Tiempo de preparación*** *20 min*
Tiempo de cocción *1 hr 40 min* ***Calorías*** *482* ***Grasa*** *29 g*

de cerdo con col morada y manzanas

1 Precalentar el horno a 180°C / 350°F. Calentar el aceite en una cacerola grande resistente al fuego, cocer las chuletas de 1 1/2 a 2 minutos por lado hasta que tomen color café claro; reservar. Cocer la cebolla durante 5 minutos hasta que esté suave y de color dorado.

2 Añadir la col, las manzanas, el vino o caldo, condimentar al gusto; colocar encima las chuletas y tapar; hornear de 1 1/4 a 1 1/2 horas hasta que las chuletas estén suaves, agregar más caldo o vino si comienza a secarse durante la cocción. Decorar con perejil liso.

Nota: servir con puré de papa.

- 2 cucharadas de aceite vegetal
- 4 chuletas de cerdo
- 1 cebolla, picada
- 510 g / 18 oz de col morada, finamente picada
- 510 g / 18 oz de manzanas, peladas, descorazonadas y en rebanadas delgadas
- 285 ml / 10 oz de vino tinto o caldo de verduras
- sal y pimienta negra
- perejil liso para decorar

Guisado

de salchichas toscanas

- 2 cucharadas de aceite de olivo
- 455 g / 16 oz de salchichas de cerdo
- 1 cebolla morada, rebanada
- 2 tallos de apio, rebanados
- 1 zanahoria grande, en cubos
- 1 diente de ajo, en rebanadas delgadas
- 4 jitomates guajillo
- 150 ml / 5 oz de vino blanco seco o caldo
- sal y pimienta negra
- 400 g / 14 oz de alubias, cocidas y escurridas
- 200 g / 7 oz de polenta*
- 30 g / 1 oz de mantequilla
- perejil liso picado para decorar

* Véase página 47.

Porciones *4*
Tiempo de preparación *15 min*
Tiempo de cocción *40 min*
Calorías *812*
Grasa *50 g*

1 Calentar una cucharada de aceite en un sartén y freír las salchichas por 5 minutos hasta que tomen color café; reservar. Agregar al sartén el resto del aceite y freír la cebolla, el apio, la zanahoria y el ajo de 3 a 4 minutos.

2 Sumergir los jitomates en un tazón con agua hirviendo durante 30 segundos, sacarlos y quitarles la piel, cortarlos en cuartos. Regresar las salchichas al sartén y añadir el vino o caldo junto con los jitomates y sazonar; cocer a fuego lento durante 20 minutos; incorporar las alubias y dejar cocer otros 10 minutos.

3 En una cacerola hervir 1 l / 35 oz de agua, añadir 1 cucharadita de sal; espolvorear la polenta y revolver durante 5 minutos o hasta que esté espesa y suave; agregar la mantequilla. Servir las salchichas con la polenta y espolvorear el perejil picado.

2 Mariscos

Rouille de pescado

- 1 kg / 35 oz de pescados y mariscos mixtos (robalo, guachinango, camarones, calamares, etcétera)
- 510 g / 18 oz de mejillones, cocidos en salsa de mantequilla con ajo
- 2 cucharadas de aceite de olivo
- 1 cebolla, finamente picada
- 1 cucharadita de semillas de hinojo
- 200 ml / 7 oz de vino blanco seco
- 400 g / 14 oz de jitomates de lata, picados

Rouille:

- 2 dientes de ajo, picados
- 1 chile rojo, sin semillas y picado
- 3 cucharadas de cilantro fresco, picado
- sal y pimienta negra
- 3 cucharadas de mayonesa
- 1 cucharada de aceite de olivo

1 Para hacer el rouille: en un mortero o molcajete machacar el ajo, el chile y el cilantro con una pizca de sal; mezclar con el aceite y la mayonesa; revolver bien y sazonar al gusto; refrigerar hasta que se utilice.

2 Cortar el pescado en trozos de 5 cm / 2 in. Quitar la cáscara a los camarones y abrirlos un poco por el dorso para limpiar la vena, enjuagar. Cortar los calamares en aros de 5 cm / 2 in. Sacar los mejillones de su concha y reservar algunas conchas para decorar.

3 En un sartén grande calentar el aceite y freír la cebolla durante 4 minutos hasta que se suavice; agregar las semillas de hinojo y freír por 1 minuto más; verter el vino y agregar los jitomates; sazonar y dejar que suelte el hervor; cocer a fuego lento, sin tapar, durante 5 minutos hasta que espese un poco; agregar el pescado y los mariscos, cocer de 5 a 6 minutos, revolver ocasionalmente hasta que todo esté cocido; añadir los mejillones y dejar que se calienten; sazonar y servir con el rouille al gusto. Decorar con las conchas de los mejillones.

Nota: esta receta del sur de Francia es uno de los mejores ejemplos de la cocina mediterránea.

Porciones *4* ***Tiempo de preparación*** *20 min*
Tiempo de cocción *20 min* ***Calorías*** *563* ***Grasa*** *32 g*

Guisado de mariscos

1 Calentar el aceite en una cacerola resistente al fuego y sofreír el puerro, la cebolla y el ajo hasta que estén suaves.

2 Agregar los jitomates, el laurel, el perejil, el orégano, el vino, la sal y la pimienta; dejar que suelte el hervor, tapar y cocer a fuego lento durante 20 minutos.

3 Añadir los pescados y mariscos de carne firme y cocer de 3 a 5 minutos; incorporar el resto del pescado y mariscos, colocar hasta arriba los que tienen concha.

4 Tapar y cocer de 5 a 7 minutos más hasta que el pescado esté suave y las conchas de los mariscos se hayan abierto (tirar las que no abran).

5 Servir y decorar con una hoja de laurel.

- 1 cucharada de aceite de olivo
- 1 cebolla mediana, picada
- 1 puerro, finamente picado
- 2 dientes de ajo, machacados
- 400 g / 14 oz de jitomates
- 2 hojas de laurel
- 1 cucharada de perejil, picado
- 55 ml / 2 oz de vino blanco seco
- sal y pimienta recién molida
- 1 kg / 35 oz de pescados y mariscos frescos
- 2 cucharaditas de orégano, picado

Porciones *4-6*
Tiempo de preparación *6 min*
Tiempo de cocción *35 min*
Calorías *212*
Grasa *5 g*

Estofado de pescado con limoncillo y leche de coco

- 3 ramitas de limoncillo*
- 2 cucharadas de aceite de ajonjolí
- 2 chiles verdes, sin semillas y rebanados
- 4 dientes de ajo, en rebanadas delgadas
- 200 g / 7 oz de zanahoria, en rebanadas delgadas
- 285 ml / 10 oz de caldo de pescado
- 400 ml / 14 oz de leche de coco
- 500 g / 18 oz de camarones, crudos y pelados
- 400 g / 14 oz de guachinango, en trozos pequeños
- 1 racimo de cebollas de cambray, en pedazos
- 200 g / 7 oz de ostiones
- ralladura y jugo de 1 limón
- cebollín picado para decorar

* Véase página 47.

Porciones *6*
Tiempo de preparación *20 min*
Tiempo de cocción *30 min*
Calorías *370*
Grasa *21 g*

1 Pelar la cáscara del limoncillo, picar finamente la parte blanca de los bulbos y tirar la parte fibrosa. Calentar el aceite en un sartén grande de base gruesa y freír los chiles y el limoncillo durante 1 minuto.

2 Agregar el ajo y las zanahorias y freír hasta que el ajo tome color dorado, de 3 a 4 minutos aproximadamente; mezclar con el caldo y la leche de coco; dejar que suelte el hervor y calentar a fuego lento, sin tapar durante 15 minutos o hasta que se reduzca un poco.

3 Cortar el dorso de los camarones para sacar la vena. Agregar el guachinango a la mezcla de leche de coco y tapar; cocer de 4 a 5 minutos hasta que el pescado tome color opaco; agregar las cebollas de cambray, los ostiones y los camarones; cocer de 3 a 4 minutos hasta que los camarones tengan color rosa; mezclar con el jugo y la ralladura de limón; decorar con el cebollín.

Bouillabaisse

- 100 g / 3 1/2 oz de mantequilla
- 1 manojo de troncos de apio, picado
- 2 cebollas grandes, picadas
- 1.5 k / 3.3 lb de jitomates, picados
- 2 cucharaditas de ajo, molido
- 55 g / 2 oz de hojas de albahaca
- 55 g / 2 oz de hojas de tomillo
- 55 g / 2 oz de perejil
- 30 ml / 1 oz de salsa inglesa
- 370 ml / 13 oz de caldo de pollo
- 1 papa grande, picada
- 370 ml / 13 oz de vino blanco seco
- 510 ml / 18 oz de jugo de jitomate
- 12 mejillones, limpios
- 15 camarones medianos, sin vena y sin cáscara
- 8 ostiones, limpios
- 1 cola de langosta
- 115 g / 4 oz de cangrejo
- 255 g / 9 oz de merluza
- 255 g / 9 oz de bacalao
- pan baguete para servir

1 En un sartén grande derretir la mantequilla y sofreír el apio y la cebolla hasta que ésta esté suave y transparente.

2 Agregar los jitomates, el ajo, las hierbas y la salsa inglesa; mezclar con el caldo de pollo y cocer a fuego lento durante 2 horas.

3 Añadir las papas y cocer durante 2 horas más.

4 Verter el vino y el jugo de jitomate; cocer otras 2 horas.

5 Dejar enfriar y refrigerar durante la noche.

6 Antes de servir calentar bien la salsa y agregar poco a poco los pescados y mariscos; calentar a fuego lento hasta que se cuezan.

7 Servir con pan baguete.

Porciones *8* ***Tiempo de preparación*** *10 min*
Tiempo de cocción *6 hr más tiempo para refrigerar* ***Calorías*** *310* ***Grasa*** *54 g*

Pulpo con papas y chícharos

- 1 kg / 35 oz de pulpo, limpio
- sal
- 145 ml / 5 oz de aceite de olivo
- 1 cebolla grande, picada
- 4 dientes de ajo, picados
- 400 g / 14 oz de jitomates
- 1/4 de cucharadita de chile en polvo
- 510 g / 18 oz de papas, peladas y en rebanadas gruesas
- 255 g / 9 oz de chícharos, cocidos

1 Colocar el pulpo en un sartén grande sin agua; espolvorear con sal, tapar y cocer a fuego lento en su jugo durante 45 minutos.

2 Durante el tiempo de cocción levantar el pulpo con un tenedor y sumergirlo en una cacerola con agua hirviendo; colocarlo bajo el chorro de agua fría y regresarlo al sartén (repetir 3 veces más).

3 En una cacerola resistente al fuego calentar el aceite de olivo y sofreír la cebolla, el ajo, los jitomates y el chile durante 10 minutos o hasta que la cebolla tenga color opaco; añadir las papas y cocer por 5 minutos; agregar el pulpo y suficiente líquido de cocción para cubrir el contenido de la cacerola; añadir sal al gusto y cocer a fuego lento, sin tapar, durante 30 minutos o hasta que las papas estén suaves y el caldo se reduzca.

4 Agregar los chícharos y calentar bien. Servir el pulpo y las verduras directamente de la cacerola.

Porciones *4* ***Tiempo de preparación*** *10 min* ***Tiempo de cocción*** *1 hr* ***Calorías*** *660* ***Grasa*** *20 g*

3

Verduras

Guisado de

115 g / 4 oz de champiñones secos
3 cucharadas de aceite de olivo
225 g / 8 oz de setas, picadas
2 zanahorias, en rebanadas delgadas
1 papa grande, rebanada
225 g / 8 oz de chícharos
1/2 cucharada de tomillo seco
1/2 cucharada de salvia seca
2 dientes de ajo, machacados
285 ml / 10 oz de vino tinto
570 ml / 20 oz de caldo de verduras
sal y pimienta negra
225 g / 8 oz de alubias
310 g / 11 oz de garbanzos
225 g / 8 oz de frijoles

1 Cubrir los champiñones con 570 ml / 20 oz de agua hirviendo, dejar remojar durante 20 minutos. Calentar el aceite en una cacerola grande, añadir las setas, las zanahorias, la papa y los chícharos; sofreír de 3 a 4 minutos hasta que estén un poco suaves.

2 Añadir el tomillo, la salvia, el ajo, los champiñones con el caldo, el vino tinto, el caldo y sazonar. Dejar que suelte el hervor y dejar hervir a fuego lento sin tapar durante 20 minutos o hasta que las verduras estén suaves.

3 Revolver con los frijoles y hervir a fuego lento otros 10 minutos o hasta que estén suaves. Colar y enjuagar los garbanzos y las alubias, añadirlos a la mezcla; dejar que hiervan a fuego lento de 2 a 3 minutos.

Nota: servir con pan baguete.

Porciones 4
Tiempo de preparación *20 min más 20 min para remojar*
Tiempo de cocción *35 min*
Calorías 456
Grasa 14 g

leguminosas y verduras

Guisado marroquí de papa y limón

- 3 cucharadas de aceite de olivo
- 2 cebollas, rebanadas
- 3 dientes de ajo, picados
- 2 chiles rojos, finamente picados
- 1 cucharadita de comino, molido
- 1 cucharadita de cilantro, molido
- 900 g / 32 oz de papas, cortadas en rebanadas de 5mm/ 1/4 in de espesor
- ralladura de 1 limón y el jugo de 1 ó 2 limones
- 870 ml / 30 oz de caldo de verduras
- sal y pimienta negra
- 4 cucharadas de crema para servir y 3 cucharadas de perejil fresco picado para adornar

1 Precalentar el horno a 200°C / 400°F. Calentar el aceite en una cacerola para horno, añadir las cebollas, el ajo, los chiles, el comino y el cilantro; freír de 1 a 2 minutos para que suelten el sabor.

2 Añadir las papas, la ralladura y el jugo de limón al gusto, añadir el caldo y sazonar. Dejar que suelte el hervor, tapar y dejar en el horno durante 40 minutos o hasta que las verduras estén suaves y el caldo se haya consumido un poco.

3 Servir en los platos y adornar con una cucharada de crema agria. Espolvorear perejil para adornar.

Nota: servir con verduras crudas como col verde.

Porciones *4*
Tiempo de preparación *20 min*
Tiempo de cocción *45 min*
Calorías *368*
Grasa *16 g*

Verduras con coco

- 1 ramita de limoncillo*
- 2 cucharadas de aceite vegetal
- 1 raíz de jengibre fresca de 1 cm / 1/2 in, picada
- 1 cebolla, finamente picada
- 1 diente de ajo, finamente picado
- 1 cucharadita de azafrán de la India
- 225 g / 8 oz de papas, en trozos de 2 cm / 3/4 in
- 2 zanahorias, en rebanadas gruesas
- 400 ml / 14 oz de leche de coco, de lata
- 2 hojas de laurel
- 1 chile rojo, sin semillas y finamente picado
- sal
- 115 g / 4 oz de elotitos baby
- 170 g / 6 oz de habas
- 2 calabazas zuchinni, en rebanadas gruesas
- 2 cucharadas de cilantro, picado para adornar

* Véase página 47.

1 Pelar la cáscara del limoncillo, picar finamente la parte blanca de los bulbos y tirar la parte fibrosa. Calentar el aceite en un sartén grande de base gruesa y freír el limoncillo, el jengibre, la cebolla y el ajo durante 5 minutos o hasta que la cebolla y el ajo estén suaves.

2 Incorporar el azafrán, las papas y las zanahorias; añadir la leche de coco, las hojas de laurel, el chile y la sal; dejar que suelte el hervor y calentar a fuego lento durante 10 minutos, tapar parcialmente y revolver de vez en cuando.

3 Agregar los elotitos y las habas, calentar a fuego lento, parcialmente tapado, durante 10 minutos; añadir las calabazas y cocer por 10 minutos más hasta que las verduras estén suaves; sacar las hojas de laurel y adornar con cilantro antes de servir.

Porciones *4* ***Tiempo de preparación*** *20 min* ***Tiempo de cocción*** *35 min* ***Calorías*** *390* ***Grasa*** *29 g*

Pesos y medidas

Para convertir

Métrico	Imperial
5mm	1/4 in
1cm	1/2 in
2cm	3/4 in
2 1/2cm	1 in
5cm	2 in
10 1/2cm	4 in
15cm	6 in
20cm	8 in
23cm	9 in
25cm	10 in
30cm	12 in

Líquidos métricos:

Métrico	Imperial	Tazas
30ml	1 oz	
60ml	2 oz	1/4 taza
90ml	3 oz	
125ml	4 oz	1/2 taza
155ml	5 oz	
170ml	5 1/2 oz	2/3 taza
185ml	6 oz	
220ml	7 oz	
250ml	8 oz	1 taza
500ml	16 oz	2 tazas
600ml	20 oz (1 pinta)	
750ml	1 1/4 pinta	
1 L	1 3/4 pinta	4 tazas
1 1/5 L	2 pintas	

métrico, tazas y cucharadas

Métrico	Tazas	Imperial
60ml	1/4 de taza	2 oz
80ml	1/3 de taza	2 1/2 oz
125ml	1/2 taza	4 oz
250ml	1 taza	8 oz

Métrico	Cucharadas
1 1/4ml	1/4 de cucharadita
2 1/2ml	1/2 cucharadita
5ml	1 cucharadita
20ml	1 cucharada

temperatura del horno

°C	°F
120	250
140	275
150	300
160	326
180	350
190	375
200	400
220	425
240	475
250	500

Para medir ingredientes secos

Métrico	Imperial
15g	1/4oz
30g	1oz
60g	2oz
90g	3oz
125g	4oz
155g	5oz
185g	6oz
220g	7oz
250g	8oz
280g	9oz
315g	10oz
410g	13oz
440g	14oz
470g	15oz
500g	16oz (1lb)
750g	1lb 8oz
1 kg	2lb
1 1/2 kg	3lb

"Notas del chef"

Bouquet garni: diferentes hierbas (por lo general son perejil, tomillo y hojas de laurel) atadas que se usan para sazonar guisados, sopas y estofados. Se retiran antes de servir.

Limoncillo: Es un sazonador muy usado en la cocina thai y vietnamita. Es una hierba de hojas largas y delgadas, su sabor es ácido, parecido al limón.

Pasta tai de curry verde: ingredientes: chile verde, ajo, chalotes, limoncillo, sal, galanga, pasta de camarón, hoja de lima kaffir, semillas de cilantro, pimienta, comino y azafrán de la India. Producto originario de Tailandia.

Pesto: es una salsa sin cocer hecha con albahaca fresca, ajo, piñones, queso parmesano y aceite de olivo.

Polenta: producto básico del norte de Italia. Es un potaje hecho de harina de maíz. Se consume caliente con un poco de mantequilla o frío hasta que endurece, cortado en cuadritos y frito. A veces se mezcla con queso parmesano o gorgonzola. (se compra en las tiendas gourmet).

Salsa de pescado: originaria del sureste de Asia. Son diferentes mezclas con base de pescado salado y fermentado, chile o azúcar. Tiene un sabor fuerte, el color varía de ocre a café. Se utiliza para condimentar y dar sabor (se le da un uso parecido al de la soya).

Salsa tai de pescado: es una salsa clara, ligera y salada que se hace con pescado salado y fermentado. Se puede adquirir en casas de comida oriental y en algunos supermercados.

Índice

Introducción **2**

Carne **5**

Estofado de res con chalotes 6

Carbonade de res 8

Estofado de res 9

Guisado de res y aceitunas 10

Carbonada criolla 12

Guisado de conejo, aceitunas y cebolla 13

Guisado de cordero y chabacano 14

Estofado de cordero y camote 16

Estofado de cordero con sidra 17

Korma de cordero 19

Ruaraka 20

Cordero con espinacas al curry 21

Piernas de pollo con verduras 22

Pollo a la española con chorizo 24

Piernas de pato con naranja y aceitunas 25

Pechugas de pollo con champiñones 26

Pato tai green con brotes de bambú 28

Chuletas de cerdo con col morada y manzanas 30

Guisado de salchichas toscanas 32

Mariscos **33**

Rouille de pescado 34

Guisado de mariscos 36

Estofado de pescado con limoncillo y leche de coco 37

Bouillabaisse 38

Pulpo con papas y chícharos 40

Verduras **41**

Guisado de leguminosas y verduras 42

Guisado marroquí de papa y limón 44

Verduras con coco 45

Pesos y medidas **46**

Notas del chef **47**